W0233705

Peter Münster

WONACH DAS HERZ SUCHT

Peter Münster

Wonach das Herz sucht...

Gebete der Achtsamkeit

Hg. von Stefan Liesenfeld

VERLAG NEUE STADT   MÜNCHEN · ZÜRICH · WIEN

2012, 1. Auflage
© Alle Rechte bei Verlag Neue Stadt GmbH, München
Gestaltung und Satz: Stefan Liesenfeld
Fotos: © Manuela Neukirch (Cover, S. 11, 15, 21, 29, 33–39); Heinz Liesenfeld (S. 13);
Klaus Honermann (S. 7, 9, 17, 19, 23, 25, 43, 45); Cyrill Jung (S. 27, 31, 41).
Druck: Memminger MedienCentrum, Memmingen
ISBN 978-3-87996-944-9

ZUR EINSTIMMUNG

Solange ich zurückdenken kann, war der suchende Glaube das zentrale Thema meines Lebens. Zwei Wünsche brennen in meinem Herzen: rein und einfach glauben und aufrichtig lieben zu können. Ich bewundere die Menschen, die sich durch keine intellektuellen Spitzfindigkeiten und Zweifel von ihrer ruhigen Glaubensgewissheit abbringen lassen. Manchmal spüre auch ich solch festen Boden unter mir, doch dann gerät er wieder ins Wanken. Die folgenden Nachdenk- und Gebetstexte entspringen der immer neuen Erfahrung: Es lohnt, auf der Suche zu bleiben; denn das Leben ist – trotz allem – kostbar und schön!

Gott, du großes Geheimnis hinter allem Sein,
ich danke dir für die Momente der Ruhe und Geborgenheit,
für die wortlosen Augenblicke des stillen Daseins vor dir.
Schenke uns das Vertrauen, dass du uns nie fallen lassen wirst.

Peter Münster

SEHNSUCHT

„Des Menschen Sehnsucht geht dahin, ein Ganzes und Vollkommenes zu erkennen." (Thomas von Aquin)

Ein Kind sagte einmal: „Es muss mehr als alles geben!" Eine merkwürdige und doch so treffende Aussage! Über alles Sichtbare, Begreifbare, Erklärbare, Fassbare hinaus bleibt etwas, das wir *nicht* erkennen, begreifen, fassen können. Wir Menschen wissen immer mehr über die Baupläne und Funktionsweisen des Lebens; aber wissen wir, was Leben ist? Wissen wir, was Liebe ist? Wer kann uns sagen, was im Letzten Hoffnung ist und was Glück? Wir sind auf der Suche nach dem Ganzen und Vollkommenen und bleiben unvollkommen. Aber auch die Sehnsucht bleibt.

Gott, schenke uns Demut und Gelassenheit
angesichts unserer Unvollkommenheit.
Erhalte uns die Sehnsucht, und öffne uns Herz und Augen
für die Verweise auf deine Wahrheit, Schönheit und Liebe.

„Gott und ich, wir sind eins. Durch das Erkennen nehme ich Gott in mich hinein; durch die Liebe gehe ich in Gott ein."

(Meister Eckhart)

Große Mystiker haben die Erfahrung des „Einswerdens" mit Gott gemacht: eine Erfahrung, in der Worte nicht mehr greifen, weil das erlebte Geheimnis unsagbar ist. Vielleicht haben wir schon einmal eine Ahnung davon bekommen: etwa am Meer, auf einem Berggipfel, wenn wir dem gleichmäßigen Murmeln eines Baches lauschen. Auch ein Blick in die Weiten des Sternenhimmels kann ein solches Fühlen auslösen. Da würden Worte nur stören ... Doch die Geschäftigkeit des Alltags lässt es meist nicht zu, dass wir uns in die Stille vor Gott versenken.

Herr, wir wollen nicht die Augen vor der Welt verschließen,
aber hilf uns, das „innere Auge" zu öffnen für dich.
Richte uns aus auf dich, damit wir in dir bleiben und du in uns.

FREUDE

„Freude am Schauen und Begreifen
ist die schönste Gabe der Natur." (Albert Einstein)

Freude ist mehr als Spaß. Doch dieser hat Hochkonjunktur: „Just
for fun!" Wir kaufen uns Vergnügungen, suchen ekstatische
„Glücksmomente" – und stürzen von einer Ernüchterung in die
nächste. „Wir amüsieren uns zu Tode", heißt ein Buch von Neil
Postman. Am Ende des Funs steht in der Tat die gähnende, läh-
mende Leere. Haben wir uns einmal überlegt, wann wir wirkli-
che Freude empfinden? Jeder wird seine ganz persönliche Liste
zustande bringen ... Es gibt so viele Momente echter Freude –
wir müssen nur auf sie achten und sie zu schätzen wissen!

Guter Gott, hilf uns, Seele und Sinne wachzuhalten
für die wirklich schönen Dinge des Lebens.
Lass uns nie vergessen, dass die Freude umso größer ist,
je mehr wir sie mit anderen teilen.

WUNDER

„Die Welt ist voll alltäglicher Wunder." (Martin Luther)

Es erstaunt mich immer wieder, wie viele Menschen auf spekta-
kuläre, sensationelle „Wunder" fixiert sind ... Oft gerät darüber
in Vergessenheit, wie wunderbar unser ganz alltägliches Leben
ist. Der Ort des Wunders ist der Alltag:
Dass es überhaupt Leben gibt – welch ein Wunder!
Dass wir einander lieben dürfen – welch ein Wunder!
Dass wir denken können – welch ein Wunder!
Dass ein Kind geboren wird ... – welch ein Wunder!

Guter Gott, wir danken dir
für die kleinen und großen Wunder.
Erhalte uns die Fähigkeit, staunen zu können,
die Wunderwerke deiner Schöpfung zu sehen
und die Spuren deiner Liebe im Alltag unseres Lebens.

WISSEN IST MACHT

„Des Wissens schönstes Kleid: Bescheidenheit."

(Jüdisches Sprichwort)

In unserer Welt gilt meist der Ausspruch des englischen Philosophen Francis Bacon: „Wissen ist Macht." Wissen kann Privilegien schaffen; Unwissenheit manifestiert Ohnmacht, kann zur Bedeutungslosigkeit abstempeln.

Doch Wissen beinhaltet immer auch Verantwortung. Für uns selbst und genauso für die anderen. Für unsere Welt und Mitwelt. Und wer Wissen besitzt, verdankt es nie allein sich selbst. Wissen kann arrogant machen und missbraucht werden, wenn die Bescheidenheit und Verantwortung vergessen werden.

Guter Gott, bewahre uns vor der Versuchung,
unsere Mitmenschen unter unserem Wissen leiden zu lassen.
Bewahre uns die Demut,
damit unser Wissen zum Geschenk werden kann.

SCHWÄCHEN UND STÄRKE

„Wenn unsere Schwächen unserer Stärke nie zu Hilfe kämen, sie würde oft versagen." (Marie von Ebner-Eschenbach)

Man braucht Stärke, um seine Schwächen bekennen zu können. Wir Menschen sind nicht vollkommen, wir funktionieren nicht wie perfekt programmierte Maschinen. Wir alle haben Schwächen – und gerade das macht unsere Menschlichkeit aus.
Wer seine Schwächen ständig zu vertuschen sucht, wird hinter dieser Maske ersticken. Der selbst auferlegte Druck des Perfektionismus nimmt die Luft zum Atmen. Wie befreiend ist es, wenn jemand sich und anderen Menschen seine Schwächen eingestehen kann – auch wenn das im Moment sehr schwer fällt.

Vor dir, guter Gott, darf ich sein, wie ich bin.
Bewahre mich vor Hochmut und Selbstüberschätzung,
lass mich meine Schwächen wachsam wahrnehmen,
damit ich mich auch über meine Stärken freuen kann.

DER GROSSE RISS

Wie schön wäre die Welt ohne die hässliche Fratze des Bösen!
Doch es geht ein Riss durch diese Welt; wir Menschen sind nicht
ganz heil, und die Menschheit ist kein heiles Ganzes.

Und wo bist du, Gott? Du, der Inbegriff des Guten,
der Liebe, des Friedens, der Gerechtigkeit ... – wo bist du?
Ich bringe es nicht zusammen mit der bitteren Realität
des Bösen, des Hasses, des Krieges,
der himmelschreienden Ungerechtigkeit ...
Wie kannst du das zulassen?
Gott, manchmal überkommt mich der pure Zorn –
und dann verstehe ich, dass Zorn ein schlechter Ratgeber ist.

Gott, bewahre mich davor, dass meine Seele verbittert wird.
Ich bitte dich, unbekannter, unfassbarer Gott, um die Kraft,
dem Bösen zu widerstehen, wo immer es möglich ist.

„Die Natur verbirgt Gott. Aber nicht jedem."

(Johann Wolfgang von Goethe)

Der Mensch glaubt sich als der Macher auf dieser Erde. Und doch bleibt er den Naturkräften geradezu hilflos ausgeliefert. Immer wieder wird uns schmerzlich die Grenze des Machbaren aufgezeigt – und die Grenze unserer eigenen Macht. Winzlinge sind wir angesichts der Naturgewalten. Und wo, so fragen wir, wo ist Gott, wenn solches geschieht? Wer hätte eine Antwort?
Die Bibel kennt die Klage, auch die Anklage. Wäre es nicht noch schwieriger, wenn wir sie *nicht* an *Jemand* richten könnten?

Geheimnisvoller Gott, vieles bleibt uns unverständlich.
Gib uns die Kraft, nicht am unverschuldeten Leid zu verzweifeln.
Nimm dich der Opfer an und hilf uns glauben,
dass du auch und gerade im Leid gegenwärtig bist,
dass du uns und die ganze Schöpfung erlösen willst.

„Sucht, dann werdet ihr finden." (Matthäus 7,7)

Der Mensch ist ein Suchender. Jeder Mensch. In meinem Innersten wirkt ein mächtiger Trieb nach Erkenntnis, nach Wahrheit. Immer wieder halte ich staunend inne vor dem Geheimnis, das diese fragile Schöpfung zusammenhält; ich frage mich, welche Kraft die Naturgesetze hat wirksam werden lassen ...
Ich weiß, dass meine Suche zeitlebens Suche bleiben wird. Der Prophet Amos hat Gottes Wort verkündet: „Suchet mich, so werdet ihr leben." Unentwegt Gott suchen, unterwegs sein mit ihm, dem *geheimnisvollen* Gott, das ist die verborgene Triebfeder meines Lebens. Ich habe große Skepsis gegenüber Menschen, die von sich behaupten, sie hätten die Wahrheit gefunden.

Guter Gott, lass mich unterwegs bleiben zu dir,
dass ich nicht müde werde, dich und deine Wahrheit zu suchen,
und nie die Demut vor deiner Größe vergesse.

DIE WELT IST SCHÖN

„Gott hat alles schön gemacht zu seiner Zeit." (Kohelet 3,11)

Es ist nicht zu bestreiten: Wir fügen der Schöpfung Schaden zu. Wir leben nicht im Einklang mit der Natur. Wir betonieren Grünflächen, um Straßen zu bauen. Wir holzen den Regenwald ab und nehmen uns die Luft zum Atmen. Wir verschmutzen die Gewässer und ignorieren, dass Wasser ein lebensnotwendiges Gut ist. Wir behandeln die Tiere wie Massenartikel und nicht als Mitgeschöpfe. In unserer Verschwendungssucht verprassen wir die Güter der Erde und vergessen oft, wie viele Menschen tagtäglich verhungern. Und manchmal resignieren wir: „Was kann ich schon ändern?! Nach mir die Sintflut!"

Herr, erbarme dich. Lass uns nicht blind werden für die Schönheit deiner Schöpfung. Gib uns die Kraft, uns ihrer Zerstörung tatkräftig zu widersetzen. Schenke uns ein dankbares Herz, ein lebendiges Bewusstsein, dass wir Teil deiner guten Schöpfung sind.

RUHE UND STILLE

„Wo die Stille mit dem Gedanken Gottes ist,
da ist nicht Unruhe noch Zerfahrenheit." (Franz von Assisi)

Die Welt ist schnelllebig und laut. Wir hetzen durch die Wüste des Daseins und vergessen, die Oasen aufzusuchen, wo wir verweilen und neue Kraft für den weiteren Weg tanken könnten ... Wie kostbar sind die Stunden der Ruhe und Stille!
„Aus dem Schweigen kommt alle Kraft", sagte Bernhard von Clairvaux. Gott spricht leise, unaufdringlich: Wir brauchen die Stille, um der inneren Stimme zu lauschen.

Ich bitte dich, guter Gott, um Mut und Kraft,
mich immer wieder dem lauten Getriebe zu entziehen,
dass ich die heilende Kraft der Stille wahrnehmen kann,
dass ich deine Stimme zu hören vermag,
dass ich aus dieser inneren Sammlung leben kann.

WORTE

„Sage nicht alles, was du weißt, und wisse immer, was du sagst."

Dieses Sprichwort sollten wir mehr beherzigen. Der Mensch ist das sprechende Wesen; kein anderes Geschöpf der Erde verfügt über ein so ausgefeiltes Medium der Verständigung. Großartig ist die Sprache: Worte können heilen, trösten, Liebe ausdrücken, Frieden stiften. Aber Worte können auch verletzen, demütigen, Hass säen, Unfrieden verursachen. Und wie oft verbirgt eine Flut von Wörtern, dass jemand nichts zu sagen hat ...
Bedenken wir, dass jedes Wort, das unseren Mund verlässt, jeder Satz, den unser Geist auf Reisen schickt, gesagt sind – und weiterwirken, ob wir wollen oder nicht.

Guter Gott, ich bitte dich: Lass mich wach und achtsam bleiben im Umgang mit der Sprache.
Bewahre mich vor unnützen, unbedachten Worten,
und schenke mir das rechte Wort, wo jemand Trost braucht.

GLAUBE, HOFFNUNG, LIEBE

Auch wenn alles einmal aufhört – Glaube, Hoffnung und Liebe
nicht. Diese drei werden immer bleiben; doch am höchsten steht
die Liebe (vgl. 1 Korinther 13,13).

Ohne Glaube, Hoffnung und Liebe würde unsere Seele
abstumpfen und verkümmern.
Der Glaube trägt die Hoffnung.
Glaube und Hoffnung werden in der Liebe konkret.
Glaube ohne Liebe bleibt Lippenbekenntnis.
Hoffnung ohne Liebe bleibt Wunschdenken.
Liebe ist das Fundament, auf dem Glaube und Hoffnung stehen.

Guter Gott, um nichts bitte ich sehnlicher:
Lass mich glauben können in dieser komplizierten Welt.
Lass mich auf das Gute hoffen können wider alles Böse.
Lass mich reinen Herzens lieben können
gegen allen Hass unter uns Menschen.

DANK

„Verschiebe die Dankbarkeit nie." (Albert Schweitzer)

Es gibt so viele Anlässe zu danken: dafür, dass wir leben dürfen, für die Menschen um uns, die uns mit Liebe und Wohlwollen begegnen ... Nichts davon ist selbstverständlich. Weder das Geschenk des Lebens noch das der Liebe. Wie achtsam sind wir gegenüber den kleinen und großen Zeichen der Zuneigung? Ein lieber Brief, ein freundliches Wort, ein herzliches Geschenk, ein aufmunternder Blick ... Wie viele Gründe zu danken und dankbar zu sein!

Guter Gott, ich will das Geschenk meines Lebens
nicht als Selbstverständlichkeit annehmen.
Ich danke dir für alles Gute,
das mir in meinem Leben widerfahren ist.
Ich will dir danken, auch dann, wenn ich niedergeschlagen bin,
denn ich weiß: Du kannst allen Kummer in Freude verwandeln!

FRÖHLICHKEIT

„Es gibt nichts Besseres, als dass der Mensch fröhlich sei bei seinem Tun." (Kohelet 3,22)

Lachen können ist eine Gottesgabe. Ich erschrecke manchmal, wenn ich sehe, wie ernst, ja verbissen fromme Menschen sein können. Es ist schade, wenn kein Platz ist für ein gütiges Lächeln oder ein befreiendes Lachen. Welche Gabe ist die Heiterkeit des Herzens! Schon der Säugling beginnt zu lächeln: Ausdruck seiner zufriedenen Seele! Das Lachen ist uns in die Wiege gelegt.
Das herzliche, aufrichtige Lachen stiftet Gemeinschaft. Zum aufrichtigen Lachen gehört auch die Fähigkeit, über sich selbst lachen zu können: Wie heilsam ist es, sich selbst aus der Distanz des gelösten Humors betrachten zu können!

Guter Gott, unser Leben ist nicht nur ein Konzert der Heiterkeit. Erhalte uns eine tiefe Fröhlichkeit, eine gesunde Prise Humor, das gütige Lächeln und Augenblicke voller ansteckender Freude!

VERGEBUNG

„Petrus trat zu Jesus und fragte ihn: Herr, wie oft muss ich meinem Bruder vergeben, wenn er sich gegen mich versündigt? Siebenmal? Jesus sagte zu ihm: Nicht siebenmal, sondern siebenundsiebzigmal." (Matthäus 18,21f)

Jeder von uns ist der Vergebung bedürftig; keiner ist ohne Schuld. Mag ich mich noch so sehr bemühen – ich mache mich doch immer wieder schuldig. Es ist befreiend, einander verzeihen zu können. Gewiss kostet es Überwindung, um Vergebung zu bitten, wenn wir einem anderen etwas angetan haben oder in seiner Schuld stehen. Doch ein „Verzeih mir!" oder „Ich verzeihe dir!" gehört zu den schönsten, heilsamsten Worten, die wir kennen!

Guter Gott, ich bitte dich um die Kraft,
andere nicht verurteilen zu wollen, wenn sie mich verletzt haben,
sondern ihnen in der Haltung der Vergebung zu begegnen.
Aufrichtig bitte ich dich: Vergib du mir meine Schuld!

„Du trifftst Vorsorge für das Alter, damit dem Körper nichts fehle. Solltest du dir nicht Gedanken darüber machen, ob der Seele etwas fehlt?" (Erasmus von Rotterdam)

Wir wünschen uns in der Regel, alt zu werden, und wir gehen bei diesem Wunsch davon aus, dass wir bei guter Gesundheit, in voller Vitalität und geistiger Frische alt werden dürfen. Doch wer kennt nicht Menschen, die noch vor wenigen Jahren sebstbewusst im Leben standen und nun nicht mehr allein zurechtkommen und den Eindruck haben, anderen eine Last zu sein? Das Leben kann hart sein; vieles haben wir nicht in der Hand.

Guter Gott, nur du weißt, wie unser Leben einmal aussehen wird.
Schenke uns ein würdiges Älterwerden.
Steh uns bei, wenn körperliche Not über uns kommt,
und gib uns die nötige Weisheit und Gelassenheit,
die es zum liebevollen, geduldigen Umgang miteinander braucht.

„Euer Vater weiß, was ihr braucht ..." (Matthäus 6,8)

Am Anfang des Betens stehen das Vertrauen ... und der Dank: Wer zu danken vermag, dass er leben darf, dass ihm Liebe geschenkt wird und dass er Liebe geben kann, dass er Freude erleben darf – trotz allem Widrigen, trotz aller Not und Traurigkeit, der lebt im Grundvertrauen auf Gott. In diesem Vertrauen können, sollen wir auch bitten. Das alte Sprichwort stimmt: Not lehrt beten! Auch wenn es manchmal verächtlich zitiert wird: Mich hat die Not neu beten gelehrt, und ich bin dankbar dafür. Auch die Fürbitte gehört zum Gebet. Sie ist ein Akt der stillen Solidarität mit Menschen und Mitgeschöpfen, denen ich jetzt nicht direkt beistehen kann und die doch des Beistands bedürfen. Wir sollten die stille Kraft der Fürbitte nicht unterschätzen.

Herr, wir bitten dich um deine Kraft und deinen Segen für uns selbst und alle Menschen und Kreaturen, die Not leiden.

VATER UNSER

„Das Gebet ist der Schlüssel für den Morgen und der Türriegel für den Abend" (Mahatma Gandhi). Wenn ich mich nach einem erfüllten oder auch schwierigen Tag auf die Nachtruhe freue, bete ich das Gebet, das Jesus uns als Vermächtnis hinterlassen hat. Es ist mein liebstes Gebet: Alles ist darin gebündelt!

Vater unser im Himmel, geheiligt werde dein Name.
Dein Reich komme.
Dein Wille geschehe, wie im Himmel, so auf Erden.
Unser tägliches Brot gib uns heute.
Und vergib uns unsere Schuld,
wie auch wir vergeben unsern Schuldigern.
Und führe uns nicht in Versuchung,
sondern erlöse uns von dem Bösen.
Denn dein ist das Reich und die Kraft und die Herrlichkeit
in Ewigkeit. Amen.

„Wir sind Pilger, die auf verschiedenen Wegen einem gemeinsamen Treffpunkt zuwandern." (Antoine de Saint-Exupéry)

Wir stehen an verschiedenen Punkten. Wir haben verschiedene Wege. Aber es gibt einen Punkt, auf den wir alle zugehen ... Manche fürchten, die Beschäftigung mit dem Tod könne depressiv machen. Doch meist, so scheint mir, trifft das Gegenteil zu: Wer nach dem Tod fragt, wird sich bewusst, wie kostbar, einmalig, wertvoll unser begrenztes Leben ist. Jeder Tag, jede Stunde kann vergeudet werden – oder gefüllt werden mit Weisheit und Liebe. Viele Menschen mit Nah-Tod-Erlebnissen bekunden, dass der Tod für sie das Ängstigende verloren habe. Wie auch immer: Aus der Hoffnung, dass wir am Ende ankommen und angenommen werden, lässt sich leben!

Guter Gott, sei du bei uns, solange wir unterwegs sind, und lass uns bei dir sein, wenn unsere Reise hier endet.

Zu diesem Buch

Mitten in der Entstehung dieses Büchleins hat der Autor der Texte, Dr. Peter Münster, seine „Reise" beendet: Er starb 60-jährig am 27. September 2011 – ganz in Frieden angesichts des erwarteten und dann doch so frühen Todes. Auf die vorliegenden Texte fällt von daher ein ganz eigenes Licht: Was Peter Münster hier schreibt, hat sich in seinem eigenen Leben als tragfähig erwiesen – trotz allem und bis zuletzt.

Wir haben ihn als wunderbaren, überaus achtsamen Menschen kennengelernt, als Menschenfreund und Gottsucher. Unvergessen ist die Zusammenarbeit mit ihm, dem Autor einer umfangreichen Albert-Schweitzer-Biografie, die 2010 erschien. So manches gemeinsame Projekt hatten wir ins Auge gefasst; nun versuchen wir seinem Wunsch zu entsprechen: „Weint nicht um mich, es geht mir gut; bin nun in Gottes Hand …"

Stefan Liesenfeld und die Mitarbeiter im Verlag Neue Stadt

Inhalt